［増補改訂版］
羊毛フェルトで作る
はじめてのどうぶつ

須佐沙知子

見ながら作れる！
詳しい写真レッスン

日本ヴォーグ社

私がニードルフェルトに出会った頃は、まだ道具や情報も少なく、試行錯誤の連続でしたが
少しずつ上達していくことがとても嬉しかったのを覚えています。
それから時が経ち、ニードルフェルトの道具は格段に増え、羊毛フェルトの色や種類も豊富になりました。
それに合わせて、私自身も技術を上げようと努力してきましたが、いちばん上達度が高かったのは初期の頃でした。
この時期にもっと適したテキストがあれば、とても助かったのに…
そんな思いから、2011年に出版したのが「羊毛フェルトで作る はじめてのどうぶつ」です。
初心者に合った作品を集め、あらゆる角度から写真を撮り、作り方にもできる限り写真を使って、ていねいに説明しました。
難しいテクニックは使っていないので、初心者の方も気軽に取り組んでもらえると思います。
この度、増補改訂版として発売することになり、もう1冊の著作「フェルト羊毛でめぐる 小さな世界旅行」から
人気のどうぶつたちを抜粋して加えることにしました。
はじめての方も、まずはニードルフェルトを手にして、ぜひその楽しさを体験してみていただけたらと思います。
あなたの、その最初の作品がこの本のどうぶつでしたら、とても光栄です。

須佐沙知子

この本に関するご質問は、お電話またはWebで
書名／「増補改訂版 羊毛フェルトで作る はじめてのどうぶつ」
本のコード／NV70800
担当／佐々木
TEL 03-3383-0634（平日13時～17時受付）
WEBサイト「手づくりタウン」https://www.tezukuritown.com
※サイト内「お問い合わせ」→「本に関するお問い合わせはこちら」より

本書に掲載の作品・図案を複製して販売（店頭・WEB・イベント・バザー・個人間取引など）、有料レッスンでの使用を含め、
金銭の授受が発生する一切の行為を禁止しています。個人で手づくりを楽しむためにのみご利用ください。

CONTENTS

羊毛フェルトの世界へようこそ！……4ページ

[はじめて作るどうぶつ]

ハムスターとマカロン……8ページ
ぶたの親子……10ページ
小鳥……12ページ
シマリスとくだもの……14ページ
うさぎ……16ページ
あひるの親子……18ページ
ねことフェルトボール……20ページ
ミニチュア・ダックスフント……22ページ
　　　Lesson 1 ミニチュア・ダックスフントを作りましょう……26ページ

くまのマトリョーシカ……42ページ
ふくろう……44ページ
かえる……45ページ
どうぶつストラップ……46ページ
ラッキーチャーム……47ページ
　　　Lesson 2 くまのマトリョーシカを作りましょう……48ページ

　　　How to make……56～95ページ

[世界のどうぶつ]

カンガルーの親子……97ページ
コアラの親子……98ページ
パンダ3兄弟……100ページ
祭りの日のゾウ……102ページ

How to make……104～111ページ

YouTube「須佐沙知子の羊毛フェルトレッスン」では、
羊毛フェルトの基本を動画で紹介しています。
さまざまなどうぶつたちの作り方や、
可愛いパンダ店長の活躍もぜひご覧ください。

羊毛フェルトの世界へようこそ！

ふわふわの羊毛から、可愛いどうぶつたちができ上がります。どんな風に作られているのか、ちょっと覗いてみましょう。

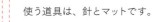
1　使う道具は、針とマットです。

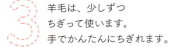
3　羊毛は、少しずつちぎって使います。手でかんたんにちぎれます。

2　カラフルな羊毛。いろんな色があって、見ているだけでわくわくします。

7　ちいさなパーツもちくちく刺して作ります。これは耳です。

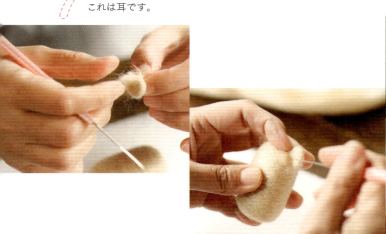

10　パーツにカラフルな羊毛を巻いて、装飾していきます。

8　耳をつけています。
　　針でちくちく刺すとくっつきます。

9　一生懸命刺したので、ちょっとひと休み。写真集やイラストなどは、どうぶつのチャーミングポイントが良くわかるので、作品を作るときの参考に。

4　NEEDLE FELTED ANIMALS

5 あせって、指を刺さないように注意！

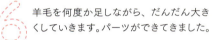

6 羊毛を何度か足しながら、だんだん大きくしていきます。パーツができてきました。

4 マットの上で、ちくちく刺しながら形を作っていきます。優しく、ていねいに。

12 でき上がり。

11 細かい柄を刺したら…

3人姉妹です。

はじめて作るどうぶつ

はじめて作るどうぶつは、いつもそばにいて、気持ちを癒してくれるペットたち。
あまり時間をかけずに作ることができる、ちいさなマスコットも作りました。
羊毛フェルトではじめてどうぶつを作る人のために、Lesson ページで作り方を詳しく説明しています。
基本的なテクニックがわかるようになっていますので、まずは Lesson ページのミニチュア・ダックスフントの
作り方に目を通して、どうぶつ作りの全体の流れをつかんで下さい。
あなただけの、可愛いどうぶつができ上がりますように。

ちいさなどうぶつ

ちいさくて軽いので、ストラップをつけたりブローチピンをつけたり、チャームとしても楽しむことができます。

くまのマトリョーシカは
詳しい Lesson があります。
→ 48 ページ

くまのマトリョーシカ
42ページ

ふくろう
44ページ／作り方87ページ

かえる
45ページ／作り方90ページ

どうぶつストラップ
46ページ／作り方92ページ

ラッキーチャーム
47ページ／作り方94ページ

可愛いどうぶつ

つぶらな瞳、キュートな仕草、眺めているだけで楽しくなる、可愛いどうぶつが勢揃いです。

ハムスターとマカロン
8ページ／作り方56ページ

ぶたの親子
10ページ／作り方60ページ

小鳥
12ページ／作り方64ページ

シマリスとくだもの
14ページ／作り方70ページ

うさぎ
16ページ／作り方82ページ

あひるの親子
18ページ／作り方74ページ

ねことフェルトボール
20ページ／作り方78ページ

ミニチュア・ダックスフント
22ページ

ミニチュア・ダックスフントは
詳しい Lesson があります。
→ 26 ページ

ハムスターとマカロン
作り方／56ページ

ちいさくて可愛いペットの代表、ハムスター。
ちょこんと、後ろ足で立ち上がった姿の愛らしさは格別です。
ネズミ界のスターですね。

「はじめまして」
ゴールデンハムスターです。

ぶたの親子
作り方／60 ページ

ぷっくりとした愛嬌のある体型、くるんと丸まったしっぽ。
ふたつ並んだ鼻の穴も可愛いけれど、
大小並んだチャーミングな後ろ姿は、それ以上です。

ママ、ブタに真珠って
どういう意味？

小鳥
作り方／64 ページ

グリーンがコザクラインコ、水色がセキセイインコ、
そして、黄色のとさかはオカメインコ。
インコの名前って、なんだか可愛らしい響きです。

シマリスとくだもの
作り方／70 ページ

大昔に、木とシマリスの間で交わされた「やくそく」を守るため、
実りの秋、シマリスたちは大忙し。
自慢のしっぽを振りながら、せっせと木の実を埋めています。

冬の食料、またどこに隠したか忘れましたっ。

寒いときは、
くっついてるのが一番です。

うさぎ
作り方／82 ページ

ジャパニーズホワイトという別名もある美しい白うさぎ。
ほんわり短いしっぽや、モフモフ動く鼻、
ほのかにピンク色の内耳など、
キュートポイントがいっぱいです。

あひるの親子
作り方／74 ページ

大きなお尻をふりふり歩く、頼もしい真っ白かあさんに黄色のひよこたち。色の対比がきれいです。
きっと、ガァーガァーにぎやかに歩いてるんでしょうね。

どうして、ついつい並んで歩いてしまうのかしら？

ねことフェルトボール
作り方／78 ページ

ねこは、どうして高いところがあんなに好きなんでしょうか。
下がゴツゴツしていても、かまわないみたいだし。
それから、無理をして狭いところへ進んで行く勇気も不思議です。

えぇ、これでも隠れているつもりです。

21

ミニチュア・ダックスフント

作り方／26ページ

どうぶつの中で比較的作りやすいのが、このミニチュア・ダックスです。
はじめて作っても、なんとなく雰囲気が出せます。
ミニチュア・ダックスフントで、どうぶつの基本的な作り方を覚えましょう。

さぁ、始めましょう

🌸 用意するもの　＊印＝ハマナカ（株）

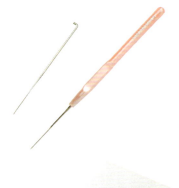

フェルティング用ニードル（レギュラータイプ）＊
針先がギザギザになった、羊毛フェルト専用の針。小さなギザギザが繊維に絡まることで、羊毛がフェルト化します。レギュラータイプは、刺しはじめからまとめ、ジョイントなど、仕上げ以外全般で使います。柄付きが使いやすくておすすめ。

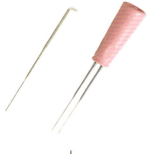

フェルティング用ニードル（極細タイプ）＊
刺しあとが小さく、表面がきれいに仕上がる極細タイプは、細かい作業や仕上げ用として使用します。作業効率アップの、2本刺し用のホルダーもあります。

フェルティング用マット＊
フェルティング用ニードルで作業をするときに、下に敷くマットです。ニードルの針先をしっかりと受け止め、針の折れ曲がりを防ぎます。

はさみ＊
羊毛を切り分けたり、仕上げの余分な羊毛をカットするのに使います。羊毛をカットする大きなものと、先の細い糸切り用があると便利。

目打ち
目の位置に穴をあけるのに使います。ニードルで代用することも可能ですが、目打ちの方がスムーズに作業することができます。

手芸用ボンド＊
目をつけたり、胴体に足をつけるときに使います。乾くと透明になるタイプを選びましょう。

🌸 あると便利なもの

マットカバー＊
劣化したマットに重ねて使います。ブルーとピンクのカラーマットもあり、白い作品をつくるときに便利です。

ペンチ
Tピンや9ピンをつけるときに使います。

24　NEEDLE FELTED ANIMALS

❋ この本で使ったフェルト羊毛　すべてハマナカ（株）

何を買ったら良いのか迷ってしまうほど、いろいろな種類のフェルト羊毛があります。
用途、色、用量などを考慮し、作品にあったものを選びましょう。

ソリッド
様々な作品に幅広く使える、メリノウール100%のスタンダードタイプ。1袋50g。44色。

ミックス
同系色のメリノウール100%羊毛を適度にミックスした、ニュアンスのあるカラー。1袋50g。12色。

ニードルわたわた
ふくらみのあるわた状に仕上げているので、軽く刺すだけでまとまります。大きなパーツのベースに使うと、早く仕上がります。1袋50g／30g。

ナチュラルブレンド
英国羊毛とメリノをブレンド。自然な色合いを持ち、幅広い用途に使えます。1袋40g。9色。

ナチュラルブレンド クレヨンカラー
ナチュラルブレンドの中で、特にクレヨン調の原色を意識したカラー。1袋30g。3色。

ナチュラルブレンド ハーブカラー
ナチュラルブレンドの中で、特にハーブの色合いを意識したカラー。1袋40g。4色。

ナチュラルブレンド シャーベットカラー
ナチュラルブレンドの中で、特にシャーベットトーンを意識したカラー。1袋40g。4色。

ウールキャンディ・シュクル・ソリッド
ソリッドの20gパック。17色。

ウールキャンディ・シュクル・ナチュラルブレンド
ナチュラルブレンドの20gパック。8色。

> 良く使われる色を、小さなパックにしたものもあります。使用量に合わせて選びましょう。

Lesson 1
ミニチュア・ダックスフントを作りましょう
22 ページの作品

❋ **材料** ※1体分

ハマナカ フェルト羊毛
ナチュラルブレンド　淡茶(803)　16g
ソリッド　黒(9)　少々

[首を傾けている方のみ]
ナチュラルブレンド　茶色(804)　少々

ハマナカ ソリッドアイ
4.5mm　1組

完成実物大

正面　　後ろ姿

横

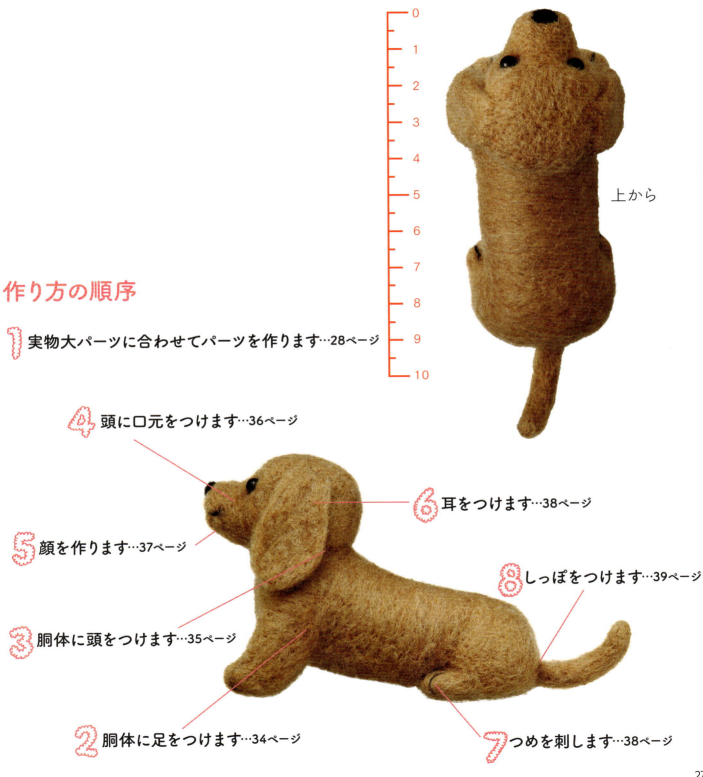

上から

作り方の順序

1. 実物大パーツに合わせてパーツを作ります…28ページ
2. 胴体に足をつけます…34ページ
3. 胴体に頭をつけます…35ページ
4. 頭に口元をつけます…36ページ
5. 顔を作ります…37ページ
6. 耳をつけます…38ページ
7. つめを刺します…38ページ
8. しっぽをつけます…39ページ

1 実物大パーツに合わせてパーツを作ります

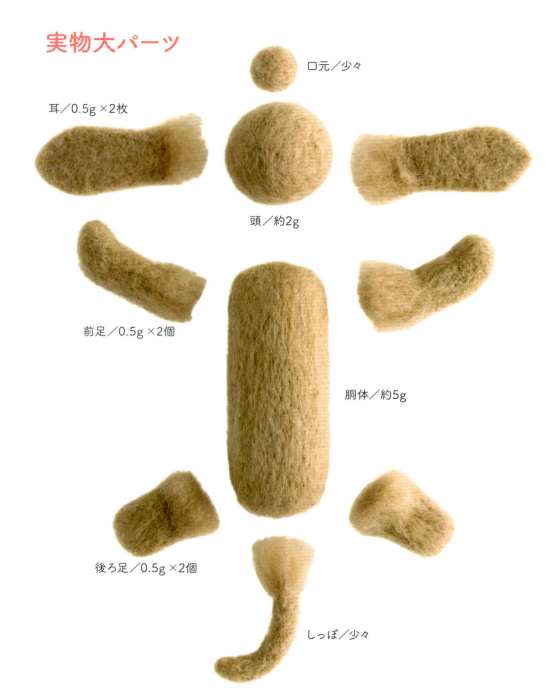

実物大パーツ

口元／少々

耳／0.5g×2枚

頭／約2g

前足／0.5g×2個

胴体／約5g

後ろ足／0.5g×2個

しっぽ／少々

フェルトの分け方

❋ 長さを分ける

1 パーツ用のフェルトを必要量に分けるとき。繊維の方向を横にして10cmくらい離して持ちます。

2 力を入れずにゆっくり引くと、繊維が分かれます。

➕ SOS! あれ？切れない…

手を近づけた状態で引っ張っても、切れませんので、ご注意を！

❋ 太さを分ける

繊維の方向を縦にして持ち、繊維に沿って分けたい位置に指を入れてゆっくり引きます。

❋ 少量をとる

羊毛の端をつまんで、ゆっくり引きます。

Point !

羊毛を分けるときは無理をせず、はさみでカットしてしまってもOKですよ。

羊毛の計り方（40gの場合） Advice

 →  →

どうぶつを作る羊毛の使用量は、全体で15g程度。「頭は2g、胴体は5g…」と細かなg数が表記されています。フェルト羊毛1袋が40gの場合、1/4は10g→その半分は5g→その1/5は1g。計る機械がないときは、だいたいのg数をこんな風に算出する事もできます。1g単位のスケールがあれば、慣れるまではきちんと計ることで、必要な用量とでき上がりの硬さの関係を覚えて欲しいのですが、こんな方法があることを覚えておくと便利です。

胴体

❋ 胴体の芯を作る

ベースを刺すときは、2本針を使うとスピードアップ。

1 胴体用の羊毛の四分の一（縦に裂く）を用意します。

2 ふた折り分くらい残して、実物大パーツの幅になるよう折りたたみ、ニードルで刺します。

3 細い円柱になるように形をつくり、ときどき転がしながら円筒形になるように刺します。

実物大で確認

4 しっかり刺して硬くなったら、残しておいた羊毛をひと折りかぶせてさらに刺します。転がしながら横からも刺し、残りをかぶせて、右の実物大の太さになるまで刺します。

芯のでき上がり。この大きさになりましたか？
パーツをあてて、確認してみましょう。
＊幅が足りない場合は、横方向に羊毛を巻いて足します。

❋ 胴体を仕上げる

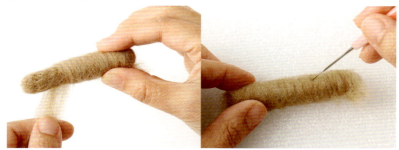

残りの羊毛を、少しずつ芯の幅に巻き「ひと巻きしたら→刺す」をくり返します。

胴体のでき上がりです。この大きさになりましたか？
芯と同様にパーツをあてて、確認してみましょう。

頭

❋ 頭の芯を作る

1 頭用の羊毛の四分の一くらいを用意します。

2 端をくるくると丸めます。

3 芯になるよう、中心をしっかりと刺しながら丸い形を作ります。実物大の大きさになるまで、いろいろな方向から刺しましょう。

実物大で確認 /Check!\

頭の芯のでき上がりです。合わせてみましょう。

❋ 頭を仕上げる

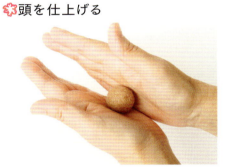

残りの羊毛を少しずつ巻きながら「ひと巻きしたら→刺す」をくり返し、仕上げに、手の平でやさしく転がして毛並みを整えます。

実物大で確認 /Check!\

頭のでき上がりです。合わせてみましょう。

 丸くなるまで何回刺せばいいですか？

ぷすぷすぷすぷす…。初めてのときは、いったいどのくらい刺したら良いのかわからず、不安なもの。
どうぶつを作る場合、でき上がりは、思っているよりもうんと硬い状態だと思って下さい。
人によって手加減が違いますから、何回刺せばいいかというのは難しいのですが「必要な用量の羊毛を実物大の大きさになるように刺す」ことで、だいたいの感覚をつかんで下さい。羊毛は、何回かに分けて刺し、だんだんと大きくしていきましょう。

➕ **SOS!** この穴…目立ち過ぎ?!

でき上がり！と思ったら…なんだか穴だらけ。薄く伸ばした羊毛で全体を覆い、あまり深く刺さないようにし、極細タイプのニードルで刺して仕上げましょう。

足

❋ 前足の芯を作る

1 足1本分の羊毛の四分の一くらいを用意しましょう。

2 縦半分に折ります。

3 輪の側を丸くカーブさせるように形づくり、実物大の幅になるようにして、先の方だけ刺します。

4 1.5cmくらいつまんで足先を折り曲げ、角度をつけて刺し、続けて残りの足部分を刺します。このとき、輪にしていない足のつけ根側1.5cmくらいをふわふわのまま残します。

実物大で確認 / Check !

芯のでき上がり。
この大きさになりましたか？

❋ 前足を仕上げる

残りの羊毛を少しずつ縦に巻いて刺し、肉づけしていきます。

実物大で確認 / Check !

前足のでき上がり。
この大きさになりましたか？

❋ 後ろ足を作る

前足と同じ要領で、縦半分に折って作りますが、後ろ足はカーブをつけずに足先だけ作ります。

実物大で確認 / Check !

後ろ足のでき上がり。
この大きさになりましたか？

耳

1 耳1本分の羊毛の四分の一くらいを用意します。縦半分に折って、輪の側を軽くつまんで耳の形を作ります。

2 つけ根部分を1.5cmくらい刺さずにふわふわのまま残し、耳の形になるように形作ります。4mmくらいの厚みになるようにして「少し足したら→刺す」をくり返します。

実物大で確認 / Check! /

耳のでき上がり。
この大きさになりましたか?

口元

実物大で確認 / Check! /

頭と同じ要領で丸く刺します。

羊毛を全部丸めてから、刺したらダメですか?

少しずつ形を作っていくのではなく、いっぺんにぐるぐるっと丸め、刺しながら小さくした方が早いのでは?と、誰でも一度は考えてしまうかも知れません。でも、大きなものを小さくまとめるのは大変で、形も作りづらく、何より中心をしっかりと固めることは困難です。少しずつ固めながら大きくしていく方が、途中の修正もしやすく、様子を見ながら形を作ることができます。

NG!

しっぽ

実物大で確認 / Check! /

1 しっぽに使用する羊毛の四分の一くらいを用意し、縦半分に折って、輪の側の先端を刺してカーブさせます。

2 つけ根部分を1.5cmふわふわのまま残し、残りの羊毛を少しずつ縦に巻いて刺します。

しっぽのでき上がりです。
合わせてみましょう。

33

胴体に足をつけます

❁ 前足をつける

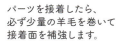
パーツを接着したら、必ず少量の羊毛を巻いて接着面を補強します。

Point！

1 胴体の横に、前足の足裏と胴体のお尻の側が水平になるようにつけます（5 参照）。

2 位置を決め、足のつけ根に残しておいたふわふわ部分を胴体に刺してつけます。

3 少量の羊毛をとり、接着面を隠すように前足のつけ根と胴体を巻きくるみ、

4 なじませるように刺します。接着面が補強され、はずれにくくなります。

5 前足が片方つきました。接着面もきれいに整っています。

6 反対側の前足も同じ要領でつけます。

❁ 後ろ足をつける

7 前足がつきました。

8 仕上げに、前足2本と胴体のつけ根を一緒に巻いて刺し、胸元にボリュームを出します。

1 後ろ足をつける前に、フェルトを少量折りたたんで、後ろ足のつけ根に置いて刺し、

34 NEEDLE FELTED ANIMALS

2 太ももをふっくらさせます。

3 胴体と平行になるように後ろ足をつけます。

4 足のつけ根に残しておいたふわふわ部分を刺して、胴体につけます。

5 少量の羊毛をとり、接着面を隠すように、後ろ足のつけ根と胴体を巻きくるんで刺し、補強します。

6 さらに、少量の羊毛をお尻に巻いて刺し、お尻にボリュームを出します。

7 でき上がりです。お尻や胸元を羊毛で巻きくるむときは、余分な羊毛は刺し込まずにカットし、ボリュームの足りない部分は最後に足します。

3 胴体に頭をつけます

1 胴体に頭をのせ、頭頂部からニードルを胴体にぶつかるまで数回刺して仮止めし、バランスを確かめます。

2 首のあたりを刺して接着させます。ニードルに無理な力をかけないよう、真っ直ぐ刺して真っ直ぐ抜くように気をつけて刺しましょう。

3 羊毛を少量とり、長めに裂いて頭巾のように頭にかぶせます。頭、首、胴体が一体化するように刺しながら補強します。

4 余分な羊毛は、刺し込まずにカットします。

5 先程とは違う向き（正面から後ろ）にも、羊毛を少量とって長めに裂き、頭にかぶせます。頭、首、胴体が一体化するように刺します。

Point！
きれいなフォルムを作るためには、余分な羊毛をきちんとカットすることが大切。少しだからと刺し込んでしまうと、どんどん太ってしまいます。

4 頭に口元をつけます

1 口元を顔の中心より下におき、少し潰すようにして刺し、つけます。

2 羊毛を少量とって、口元から頭に横にかぶせて刺し、なじませます。

3 さらに、縦にもかぶせて刺し、なじませます。

4 口元の球の形がわからなくなり、いぬの口元らしくなりました。

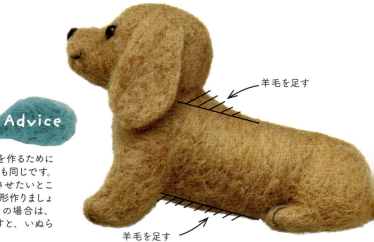

可愛いライン作り　**Advice**
ふっくら可愛いプロポーションを作るためには、努力が必要。どうぶつ作りも同じです。羊毛を足すことで、ふっくらさせたいところやくぼみをつけたいところを形作りましょう。ミニチュア・ダックスフントの場合は、首の後ろやお腹のあたりを足すと、いぬらしさが生まれます。

羊毛を足す
羊毛を足す

36 NEEDLE FELTED ANIMALS

5 顔を作ります

鼻をつける

1 黒の羊毛を少量とります。

2 指先で丸め、マットの上で軽く刺してある程度まとめます。

3 口元に重ねて、下向きの三角になるように整えながら刺します。

口をつける

1 黒のフェルトを少量とり、細くよります。

2 鼻下と口を刺しつけます。

3 余分は、はさみでカットします。

目をつける

1 実物大写真を参照して、目のつけ位置を決め、目打ちで穴をあけます。

2 ソリッドアイの足にボンドをつけて、挿し込みます。

実物大で確認

似た顔になったかな？

6 耳をつけます

1 耳を頭につけて、1枚ずつ、つけ根に残しておいたふわふわ部分を利用してつけます。

2 羊毛を少量とり、細く裂いて、つけ根と頭になじませるように刺します。

Point!

耳先に着色する（もう1匹の場合）
耳の先に極少量の茶色の羊毛をのせて刺し、なじませます。

7 つめを刺します

1 口と同じ要領で黒のフェルトをよります。

2 前足のつめを刺します。

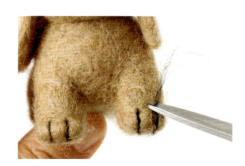

3 余分は、はさみでカットします。

4 足の後ろまで刺しましょう。

5 後ろ足のつめも同じ要領で刺します。足の裏を見たところです。

38 NEEDLE FELTED ANIMALS

8 しっぽをつけます

❀ 胴にしっぽをつけます

1 しっぽの先のふわふわ部分を広げます。

2 刺す位置を決めます。しっぽの先をどこに向けるかも大事なポイントです。

3 しっぽのつけ根は、地面につくくらいの位置にします。

4 ふわふわ部分を利用して、刺します。

5 羊毛を少量とり、つけ根とお尻になじませるように巻いて刺します。

Advice
いぬのしっぽは雄弁。しっぽの向きをかえたり、色を足したりすることで、また違った表情が生まれます。

でき上がり。
実物大で確認しましょう。

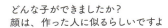

どんな子ができましたか？
顔は、作った人に似るらしいですよ

/ Check ! /

違うポーズの作り方

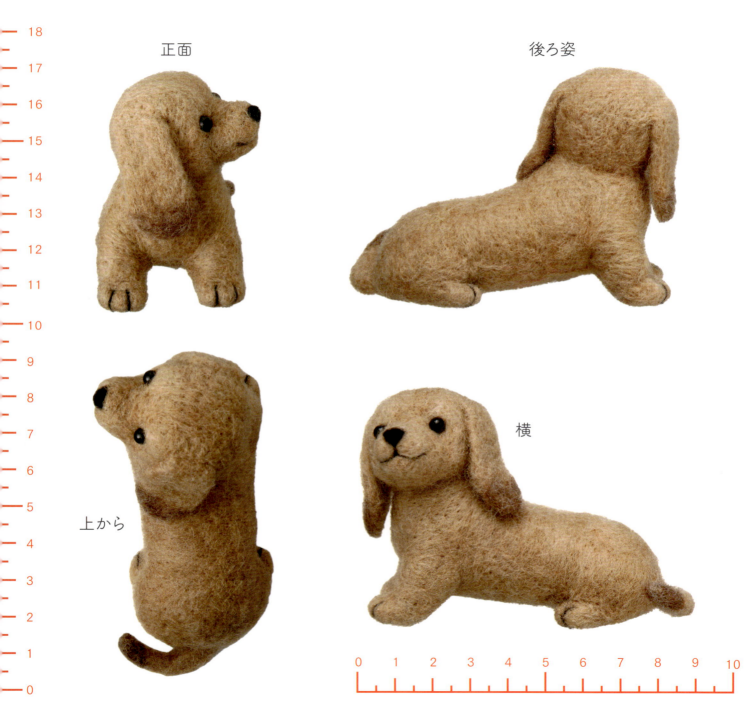

❀ 顔の向きのかえ方

正面を向いたミニチュア・ダックスフントの口元は、中央下向きにつけましたが…

違うポーズは、口元をつける位置を右下にします。

実物大で確認 / Check！

実物大写真に合わせてみて、角度を確認してみて下さい。

Advice

いろいろなダックスフント

色をかえたり、ポーズをかえたり。
ちょっとした違いで、いろいろな種類のダックスフントを作る事ができます。

くまのマトリョーシカ
作り方／48 ページ

おなじみのマトリョーシカだと思ったら、くまの三姉妹。
お揃いの赤頭巾をかぶって、おばあさんに化けて待ち伏せ…
いえいえ、それは違うお話でしたね。

そろりと
近づいて…

ふくろう
作り方／87ページ

日本では「福来郎」「不苦労」と書き、福を呼ぶ鳥として、
西洋では、知を司る女神アテナの聖なる鳥で
「学問の神様」とも呼ばれるラッキーアイテムです。

森の賢者じゃ。

かえる
作り方／90ページ

デフォルメされたファニーな姿は、
「無事にかえる」「お金がかえる」と、縁起物として大人気。
ブローチやチェーンをつけて持ち歩けるようにしました。

ラッキーチャーム
作り方／94ページ

四葉のクローバー、幸運を運ぶてんとう虫、幸せの青い鳥、
幸せの花プルメリアと、幸運のお守りを集めて。
羊毛フェルトは軽いので、ストラップには最適の素材です。

Lesson 2
くまのマトリョーシカを作りましょう
42ページの作品

❀材料

[大]

ハマナカ フェルト羊毛
ソリッド　ベージュ(29) 7g
　　　　　白(1) 少々
　　　　　赤(24) 1g
　　　　　ピンク(36) 1g
　　　　　水色(38) 少々
　　　　　茶色(41) 少々
　　　　　緑(46) 少々

ハマナカ ソリッドアイ
4mm　1組

[中]

ハマナカ フェルト羊毛
ソリッド　ベージュ(29) 5g
　　　　　白(1) 少々
　　　　　赤(24) 少々
　　　　　黄(35) 少々
　　　　　水色(38) 少々
　　　　　茶色(41) 少々
　　　　　緑(46) 少々

ハマナカ ソリッドアイ
3.5mm　1組

[小]

ハマナカ フェルト羊毛
ソリッド　ベージュ(29) 4g
　　　　　白(1) 少々
　　　　　赤(24) 少々
　　　　　黄(35) 少々
　　　　　ピンク(36) 少々
　　　　　茶色(41) 少々
　　　　　緑(46) 少々

ハマナカ ソリッドアイ
3mm　1組

作り方の順序

1 パーツを作ります…49ページ
2 本体に耳をつけます…51ページ
[大]
4 頭巾を刺します…52ページ
5 顔を作ります…53ページ
3 洋服を刺します…52ページ
6 服の柄を刺します…54ページ

48 NEEDLE FELTED ANIMALS

1 パーツを作ります

24ページからの用具と材料や、ミニチュア・ダックスフントの作り方に目を通すと、ポイントが解りやすいですよ。

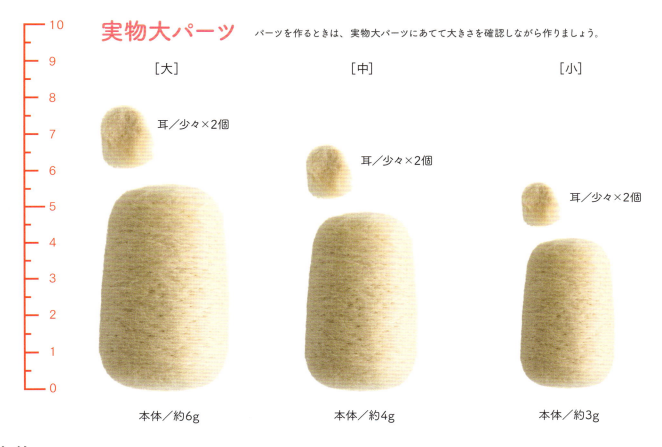

実物大パーツ

パーツを作るときは、実物大パーツにあてて大きさを確認しながら作りましょう。

[大] 耳／少々×2個　本体／約6g

[中] 耳／少々×2個　本体／約4g

[小] 耳／少々×2個　本体／約3g

本体

❋ 本体の芯を作る

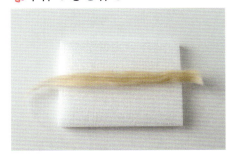

1 本体用の羊毛の縦四分の一を用意します。

2 本体と同じ長さになるように折りたたみます（最後のひと折りを残す）。

3 ニードルを刺して、平らな形を作ります。

実物大で確認

4 ふわふわがなくなり、硬くなるまでしっかり刺します。

5 残りを巻いて、さらに刺します。

芯のでき上がり。この大きさになりましたか？

❋本体を仕上げる

実物大で確認

1 残りの羊毛を、少しずつ巻いて刺し、太くしていきます。羊毛は、芯に対して横に巻きます。

2 最後に、下の部分にだけ羊毛を巻きつけて刺し、本体の形に近づけます。

本体のでき上がりです。この大きさになりましたか？

耳

1 耳用の羊毛の半分くらいをとります。

2 縦半分に折り、

3 輪側をつまんで、引っ張ります。

50 NEEDLE FELTED ANIMALS

実物大で確認 /Check!

耳のでき上がり。
この大きさになりましたか？

4 耳の形になるように整えながら刺します（つけ根の部分はふわふわのまま残す）。

5 残りの羊毛を1〜2回に分けて足し、4mmくらいの厚みになるように形を作ります。

2 本体に耳をつけます

接着面は補強しません。 **Point !**

1 耳のふわふわ部分は、1cmくらい残してカットします。

2 耳を本体にのせ、ふわふわ部分を広げるように刺して本体につけます。

3 耳がついたところ。この後、頭巾をかぶせるので、接着面の補強はしません。

❋ 内耳をつけます

1 耳の内側に白の羊毛を極少量とって刺します。マットの端を利用します。

2 反対側の耳も同様に刺します。

Advice

道具は使いよう

マトリョーシカの耳は、別の羊毛を足す作業があるため、接着面が補強されていません。そのままの状態で力を入れて内耳を刺すと、せっかくつけた耳がとれてしまう可能性もあります。内耳を刺すときは、マットの端の段差に耳を乗せるようにして優しく刺しましょう。

3 洋服を刺します

1 指定の色の羊毛を少量とり、洋服を刺します。本体の下半分に巻きつけて刺し、

2 さらに、少量の羊毛を巻きつけて刺します。

3 本体のベージュが透けない程度巻いたら、洋服のでき上がりです。

4 頭巾を刺します

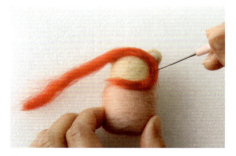

1 赤の羊毛を縦に少量とり、顔の輪郭をとるようにして本体に刺します。

2 余分な羊毛はカットします。輪郭部分は、きっちりとラインが出るように刺し込みましょう。

3 続けて、羊毛を縦に少量とり、頭の後ろから前に向かって巻き、刺します。

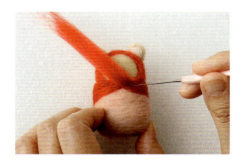

4 表に返し、正面で結んだ雰囲気が出るように斜めに刺します。余分な羊毛はカットします。

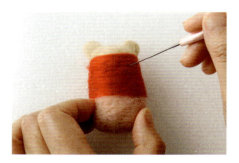

5 カットした羊毛は、本体後ろに横に巻き、ベージュ部分を赤の羊毛で埋めていきます。

6 頭頂部も忘れずに、赤の羊毛で埋めます。

7 羊毛を少量とり、刺しながら頭巾の結び目の形を作ります。羊毛の端を折りたたみながら刺すとボリュームが出ます。

8 頭巾が刺せたところです。

実物大で確認 / Check !

頭巾の縁は、際をちくちく刺してラインを出します。きっちりとラインを出すことで立体感が生まれ、顔がはっきりします。

5 顔を作ります

❋ 口元をつける

1 白の羊毛を少量とり、口元の輪郭をとりながら刺します。

2 羊毛を少量とって刺し、高さ6mmくらいの口元にします。

❋ 鼻をつける

1 茶色の羊毛を指先で軽く丸め、

2 マットの上で軽く刺して形を作ります。

3 口元に、下向きの三角形になるようにつけます。

53

❀ 鼻下と口をつける

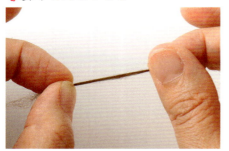
1 茶色の羊毛を少量とり、細くよります。

2 鼻下と口を刺します。

3 余分は、はさみでカットします。

6 服の柄を刺します

❀ 目をつける

1 それぞれの実物大を参照して、目つけ位置に目打ちで穴をあけます。

2 ソリッドアイの足に、ボンドをつけて挿し込みます。

❀ 花を刺す

1 花の部分は白の羊毛を少量とり、花びらをひとつずつ、ちいさな丸を刺すように刺しましょう。

2 5弁の花が刺せました。

3 指定の色の羊毛を少量とり、花の中央に刺します。

4 緑の羊毛を少量とり、葉の形に刺します。

54 NEEDLE FELTED ANIMALS

実物大で確認しましょう。 **/ Check！/**

完成実物大

可愛く刺せましたか？

正面　　　　　　　　横　　　　　　　　後ろ姿

［大］

［中］

［小］

ハムスターとマカロン

8ページの作品

材料

ハムスター

ハマナカ フェルト羊毛
ナチュラルブレンド　生成り(801)　8g
　　　　　　　　　　　淡茶(803)　少々
ハーブカラー　ピンク(814)　少々
ソリッド　茶色(41)　少々

ハマナカ ソリッドアイ
4.5mm　1組

マカロン

ハマナカ フェルト羊毛
ソリッド　うす紫(25)　2g
　　　　　黄緑(33)　2g
　　　　　黄(35)　2g
　　　　　朱色(37)　2g
　　　　　白(1)　少々

完成実物大

正面

後ろ姿

横

上から

横

56 NEEDLE FELTED ANIMALS

実物大パーツ

＊マカロンは実物大写真参照

パーツを作るときは、実物大パーツにあてて大きさを確認しながら作りましょう。

/Check!/

正面から見た形です

頭／約1.5g

耳／少々×2枚

胴体／約3g

前足／少々×2個

後ろ足／少々×2個

しっぽ／少々

卵形の作り方

Advice

卵型は、まず球よりも少し横に長い楕円を作り、片側を少しとがらせるように刺して作ります。

作り方の順序

参照ページがない部分の作り方は、ミニチュア・ダックスフントを参照して下さい。

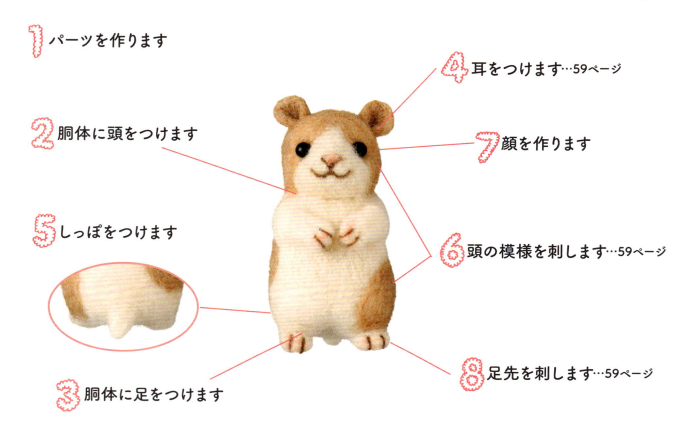

1 パーツを作ります
2 胴体に頭をつけます
3 胴体に足をつけます
4 耳をつけます…59ページ
5 しっぽをつけます
6 頭の模様を刺します…59ページ
7 顔を作ります
8 足先を刺します…59ページ

マカロンの作り方

1 下の実物大を参照して本体を作ります。底は平らに仕上げましょう。
2 側面の中央に白のフェルトを刺してでき上がりです。

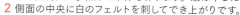

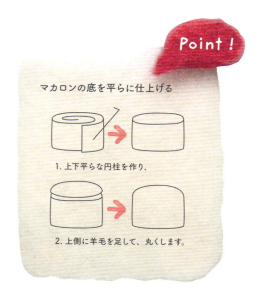

Point！
マカロンの底を平らに仕上げる
1. 上下平らな円柱を作り、
2. 上側に羊毛を足して、丸くします。

耳のつけ方

シマリスも同じ要領でつけますが、耳の向きはかえて刺します。

1 耳は、両端を合わせて巻くように持ち、頭にのせます。

2 つけ根のふわふわ部分を利用して刺します。頭の模様を刺すので、接着面は補強しません。

頭の模様の刺し方

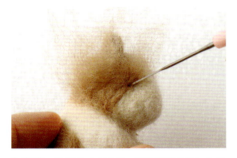

1 淡茶の羊毛を少量とり、頭を覆うようにのせて模様を刺します。

2 顔の縁は、極細ニードルで際を刺し、ラインをきれいに出します。

足先の刺し方

1 つめを刺す前に、足先に極少量のピンクの羊毛を刺します。

2 つめは、茶色の羊毛をよってつけます。

実物大で確認 Check!

頭の柄や耳の位置を実物大で確認してみましょう。きれいに左右対称ですね。

正面

上から

後ろ姿

ほんのり仕上げ Advice

どうぶつの可愛い毛並みを表現するために、ハムスターの足先には、ほんの少しだけ、ピンクを刺しています。鼻先や、目の下なども、ほんのり仕上げをすることで、より素敵な作品になります。

ぶたの親子

10ページの作品

✿材料

お母さん

ハマナカ フェルト羊毛
ナチュラルブレンド
ハーブカラー　ピンク(814)
　　　　　13g(わたわた未使用)
　　　　　または8.5g(わたわた使用)
クレヨンカラー　桃色(833)少々
ミックス　栗色(220)少々

＊胴体に「わたわた」を使用する場合
ニードルわたわた　生成り(310)4.5g

ハマナカ ソリッドアイ
3mm　1組

こぶた

ハマナカ フェルト羊毛
ナチュラルブレンド
ハーブカラー　ピンク(814)4g
クレヨンカラー　桃色(833)少々
ミックス　栗色(220)少々

ハマナカ ソリッドアイ
3mm　1組

完成実物大

お母さん

正面　　　　　後ろ姿

横

こぶた　　正面　　　　後ろ姿　　　　横

60 NEEDLE FELTED ANIMALS

実物大パーツ

パーツを作るときは、実物大パーツにあてて大きさを確認しながら作りましょう。

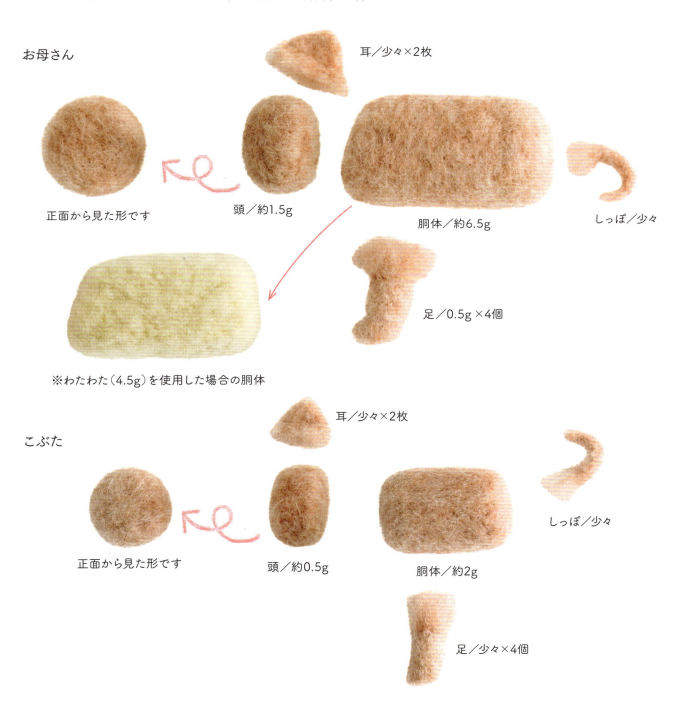

作り方の順序

参照ページがない部分の作り方は、
ミニチュア・ダックスフントを参照して下さい。

1 パーツを作ります

4 耳をつけます　…81ページ ねこ参照

6 顔を作ります

7 しっぽをつけます…63ページ

5 鼻先を作ります…63ページ

3 胴体に頭をつけます

2 胴体に足をつけます

8 つめを刺します

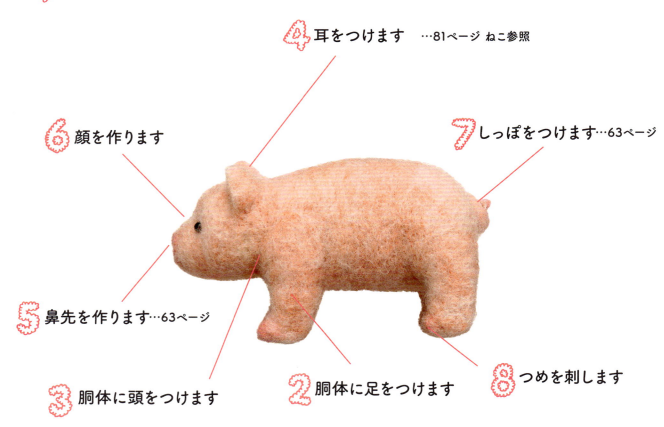

こぶたも
同じ要領で作ります。

芯の作り方

大きなものを作るときは、芯の部分にわたわたを使うとかんたんです。

1 わたわたは、必要な分量をとって丸めます。（こぶたの胴体はミニチュア・ダックスフント参照）

2 お母さんは、首のつく位置を斜めにし、角度をつけて押し込むように刺します。大きさは「わたわたを芯にした場合の胴体」に合わせます。

3 わたわたで作った胴体に、ピンクの羊毛を巻きつけて刺します。少しずつ羊毛を巻きつけて、わたわたが隠れるようにします。

鼻先の作り方

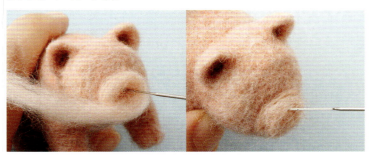

1 鼻先は、顔に羊毛を足して刺しながら作ります。鼻を刺すときに凹まないように、鼻先部分は、しっかりと固く刺しましょう。高さは、完成実物大を参照して下さい。

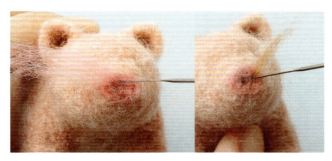

2 鼻は、桃色の羊毛を少量とり、楕円に刺します。鼻の穴は、栗色の羊毛をより、縦に2本刺します。余分な羊毛ははさみでカットします。

しっぽのつけ方

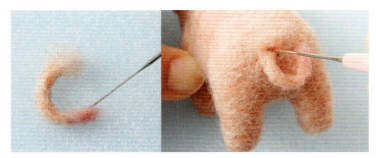

1 しっぽの先に、極少量の桃色の羊毛を刺し、ふわふわ部分を利用して胴体につけます。ふわふわ部分は、広げずにそのまま刺しましょう。

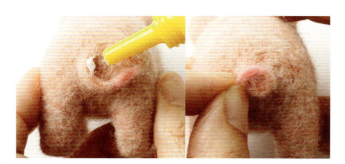

2 くるんと丸まったしっぽにするために、根元にボンドをつけ、しっぽの先を固定します。

小鳥

12ページの作品

❀材料

オカメインコ

ハマナカ フェルト羊毛
ナチュラルブレンド　生成り(801)　6g
ハーブカラー　ピンク(814)　少々
ソリッド　レモン(21)　少々
　　　　　オレンジ色(5)　少々
　　　　　黄(35)　少々

ハマナカ ソリッドアイ
3mm　1組

セキセイインコ

ハマナカ フェルト羊毛
ソリッド　水色(38)　6g
　　　　　オレンジ色(5)　少々
　　　　　青(7)　少々
　　　　　黄(35)　少々
ナチュラルブレンド
ハーブカラー　ピンク(814)　少々

ハマナカ ソリッドアイ
3mm　1組

コザクラインコ

ハマナカ フェルト羊毛
ソリッド　黄緑(33)　5g
　　　　　緑(46)　1g
　　　　　黄(35)　少々
　　　　　朱色(37)　少々
ナチュラルブレンド
ハーブカラー　ピンク(814)　少々

ハマナカ ソリッドアイ
3mm　1組

完成実物大

オカメインコ

正面　　後ろ姿

横

64 NEEDLE FELTED ANIMALS

作り方の順序

参照ページがない部分の作り方は、
ミニチュア・ダックスフントを参照して下さい。

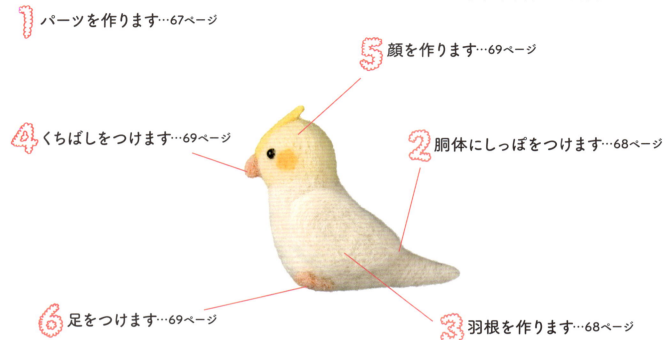

1. パーツを作ります…67ページ
2. 胴体にしっぽをつけます…68ページ
3. 羽根を作ります…68ページ
4. くちばしをつけます…69ページ
5. 顔を作ります…69ページ
6. 足をつけます…69ページ

セキセイインコもコザクラインコも
同じ要領で作ります。

66 NEEDLE FELTED ANIMALS

実物大パーツ

パーツを作るときは、実物大パーツにあてて大きさを確認しながら作りましょう。

/ Check! /

とさか／少々

くちばし／少々

本体／約4g

正面から見た形です

足／少々×2個

しっぽ／少々

本体の作り方

❀ 本体の芯を作る

1 本体用の羊毛の四分の一で芯を作ります。芯用の羊毛を半分とり、実物大の長さくらいに折ります。

2 少しカーブをつけて、残りの羊毛を少しずつ足しながら、実物大の大きさまで刺します。

/ Check! /

実物大で確認

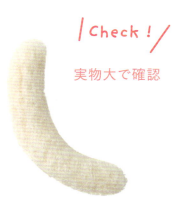

芯のでき上がり。
この大きさになりましたか？

67

❁ 本体を作る

頭と胴がつながった形。お腹のふくらみはあとで足してつけます。

1 羊毛を少量とり、お腹だけに巻いてボリュームを出します。少しずつ巻いて刺し、形を作ります。

2 お腹まわりにボリュームがでたら、端まで巻いて一体化させます。

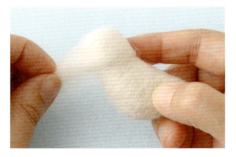

3 最後は頭にだけ巻いて、頭の形を作ります。

しっぽのつけ方

1 本体のお尻に続くように、しっぽをつけます。

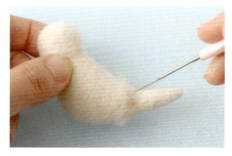

2 ふわふわ部分を広げて、刺します。

3 接着面に少量の羊毛を巻いて刺し、補強します。

羽根の作り方

1 羊毛を少量縦方向にとり、本体の胴体部分に輪郭をとるようにのせて、刺します。

2 残りの羊毛を中央に集め、盛り上げるように刺します。

3 極細のニードルで、羽根の際を刺してラインを出します。

くちばしのつけ方

顔の作り方
❀ 頭の柄を刺す

4 羽根ができました。反対側の羽根も同じ要領で作ります。

くちばしは、ふわふわ部分を利用して縦につけます。上から柄を刺すので、ふわふわ部分は顔にはみだしてもかまいません。

レモンの羊毛を少量とって頭に巻き、何回かに分けて、頭全体を覆うように刺しましょう。柄を刺したら、目をつけます。

❀ とさかをつける

1 黄の羊毛を少量とり、半分に折って輪側の先端から7mmくらいを刺します。

2 ふわふわ部分は、1cmのところでカットします。

3 ふわふわ部分を下にして、頭に刺します。

❀ ほっぺを刺す

足をつける

/ Check ! \
実物大で確認
横
上から

オレンジ色の羊毛を極少量とって、ほっぺを刺します。反対側も忘れずに。

足のパーツは、ボンドでつけます。

頭の柄や、とさかの位置を確認しましょう。

69

シマリスとくだもの

14ページの作品

🌸材料

シマリス

ハマナカ フェルト羊毛
ナチュラルブレンド　ベージュ（802）10g
　　　　　　　　　　茶色（804）2g
　　　　　　　　　　淡茶（803）少々
ソリッド　こげ茶（31）少々

ハマナカ ソリッドアイ
4.5mm　1組

くだもの

ハマナカ フェルト羊毛
［りんご］
ソリッド　赤（24）2.5g
　　　　　こげ茶（31）少々
［洋梨］
ソリッド　黄緑（33）2.5g
　　　　　こげ茶（31）少々
［ぶどう］
ソリッド　紫（26）1.5g
　　　　　こげ茶（31）少々

［くだもの共通］
ハマナカ テクノロート（L）
5cm　各1本

完成実物大

正面

後ろ姿

横

70 NEEDLE FELTED ANIMALS

実物大パーツ

＊くだものは完成実物大参照

パーツを作るときは、実物大パーツにあてて大きさを確認しながら作りましょう。

/ Check ! /

耳／少々×2枚

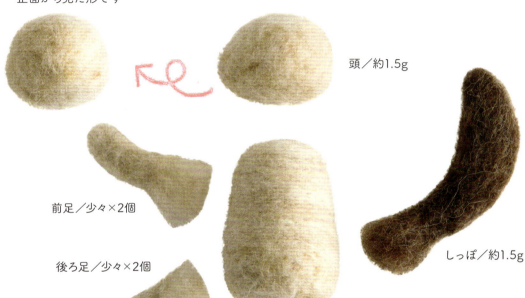

正面から見た形です

頭／約1.5g

前足／少々×2個

後ろ足／少々×2個

胴体／約4g

しっぽ／約1.5g

くだものの作り方

1 りんごと洋梨は完成実物大を参照して本体を作り、上下中央はくぼませます。
2 72ページを参照して枝を作ります。
3 くぼみに目打ちで穴をあけ、芯の先にボンドを塗って挿します。
＊ぶどうは完成実物大を参照してフェルトボールを18個作り、右図の要領で形にします。

完成実物大

Point !

ぶどうの作り方

1. 房用のフェルトボールは15個使って作ります。1個、4個、6個、4個の順に、ボンドを塗りながら積みます。

2. テクノロートの枝を作り、ボンドを塗って、トップにつけます。

71

作り方の順序

Advice

参照ページがない部分の作り方は、ミニチュア・ダックスフントを参照して下さい。

1. パーツを作ります
2. 胴体に頭をつけます
3. 胴体に手足をつけます
4. 耳をつけます …59ページ ハムスター参照
5. 胴体と頭に模様を刺します …59ページ ハムスター参照
6. 外耳に着色します …73ページ
7. 顔を作ります
8. つめを刺します
9. しっぽをつけます …73ページ
10. 縞を刺します …73ページ
11. ぶどうをつけます

Point! 太ももは羊毛を足してふっくらさせます。

枝のつけ方

❋ 枝を作る

1 テクノロートを5cmにカットし、ボンドを塗ります。

2 こげ茶の羊毛を細長くとり、ボンドのついたテクノロートに巻きつけます。ボンドが乾いたら、1.2cmにカットします。

❋ 枝をつける

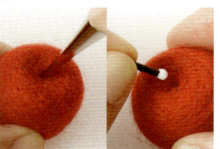

枝をつけたいところに目打ちで穴をあけ、ボンドを塗ったテクノロートを挿し込みます。

72 NEEDLE FELTED ANIMALS

外耳に着色する

1 耳は、ハムスターのページを参照してつけ、外耳にこげ茶の羊毛を刺します。

2 羊毛は、往復に折るように刺します。

しっぽのつけ方

1 しっぽは、ふわふわ部分を広げずに、お尻の中央に横向きにつけます。

2 しっぽがつきました。

3 接着面は、淡茶の羊毛を少量巻きつけて刺し、補強します。

縞の刺し方

1 茶色の羊毛を少量細長くとって、頭から背中に三本縞を刺します。

2 こげ茶の羊毛を少量とり、しっぽに2本の縞を刺します。

3 最後に、こげ茶の羊毛で、頭に一本縞を入れます。

実物大で確認

上から

Check！

縞の入り方を確認しましょう。

73

あひるの親子

18ページの作品

❋材料

ひよこ ※1体分

ハマナカ フェルト羊毛
ソリッド 黄(35) 4g
　　　　 朱色(37) 少々
ミックス 栗色(220) 少々

ハマナカ ソリッドアイ
3mm 1組

お母さん

ハマナカ フェルト羊毛
ナチュラルブレンド 生成り(801) 12g
シャーベットカラー オレンジ色(822) 少々
ミックス 栗色(220) 少々

ハマナカ ソリッドアイ
4mm 1組

完成実物大

ひよこ

正面　　　後ろ姿　　　横

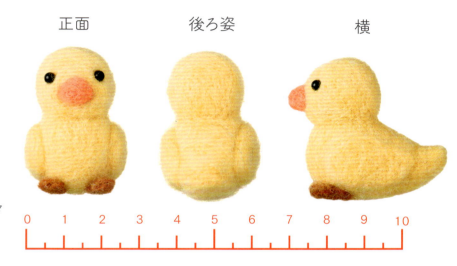

実物大パーツ

Check !

パーツを作るときは、実物大パーツにあてて大きさを確認しながら作りましょう。

ひよこ

くちばし／少々　　頭／約1g

正面から見た形です　　胴体／約1.5g

足／少々×2個

74 NEEDLE FELTED ANIMALS

作り方の順序

参照ページがない部分の作り方は、
ミニチュア・ダックスフントを参照して下さい。

1. パーツを作ります
2. 胴体に頭をつけます…77ページ
3. くちばしをつけます…77ページ
4. 顔を作ります
5. 羽根を作ります…68ページ 小鳥参照
6. 胴体に足をつけます…77ページ

ひよこも
同じ要領で作ります。

頭のつけ方

1 胴体に頭をのせ、ニードルを頭頂部から胴体にぶつかるまで数回刺して仮止めし、バランスを確かめます。

2 首のあたりを刺して接着させます。ニードルに無理な力をかけないよう、真っ直ぐ刺して真っ直ぐ抜くように気をつけて刺しましょう。

3 羊毛を少量とり、長めに裂いて頭にかぶせます。頭、首、胴体が一体化するように刺しながら補強します。

くちばしのつけ方

1 実物大写真で位置を確認しながら、くちばしを頭につけます。

2 くちばしのふわふわ部分を広げて、刺します。

3 生成りの羊毛を少量とり、接着面にかぶせて刺し、補強します。

足のつけ方

1 栗色の羊毛を少量とり、足の形を作りながら刺します(ふわふわ部分は作らない)。実物大パーツを参照して、片側に水かきの筋を入れます。

2 筋が入っている側のつけ根部分に、ボンドをつけます。

3 胴体の下に貼り、乾いたら、足のつけ根に生成りの羊毛を少量とって刺します。

ねことフェルトボール

20ページの作品

❋材料

ねこ

ハマナカ フェルト羊毛
ナチュラルブレンド　生成り(801) 11g
シャーベットカラー　青緑(825) 少々
ソリッド　ピンク(36) 少々
ミックス　栗色(220) 少々

ハマナカ クリスタルアイ
クリスタルブラウン　4.5mm　1組

その他
パール　直径5mm　1個

フェルトボール

ハマナカ フェルト羊毛
ナチュラルブレンド
クレヨンカラー　桃色(833) 少々
ソリッド　黄(35) 少々

完成実物大

正面　　後ろ姿

横

羊毛を完成実物大の大きさの球にします。

実物大パーツ /Check!/

パーツを作るときは、実物大パーツにあてて大きさを確認しながら作りましょう。

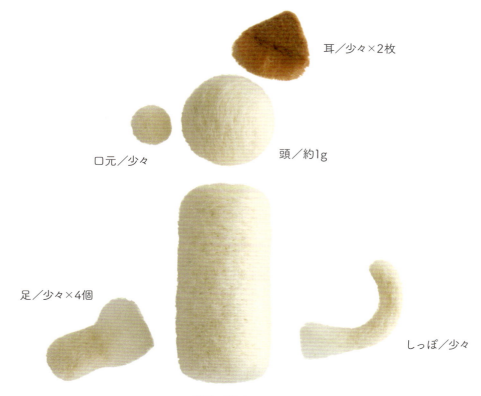

耳／少々×2枚
口元／少々
頭／約1g
足／少々×4個
しっぽ／少々
胴体／約4g

Advice ねこを作るときに気をつけること

ねこをねこらしく作るのは、案外難しいのです。いぬやうさぎは、はじめてでもいぬらしく、うさぎらしくでき上がるのですが、ねこはねこに見えないことが多々あります。
ねこらしく作るコツは、口元です。正面から見ると解りづらいのですが、横から見ると一目瞭然。口元を高くしないように気をつけて作りましょう。

目はクリスタルアイ。
ねこらしくなります。

作り方の順序

参照ページがない部分の作り方は、ミニチュア・ダックスフントを参照して下さい。

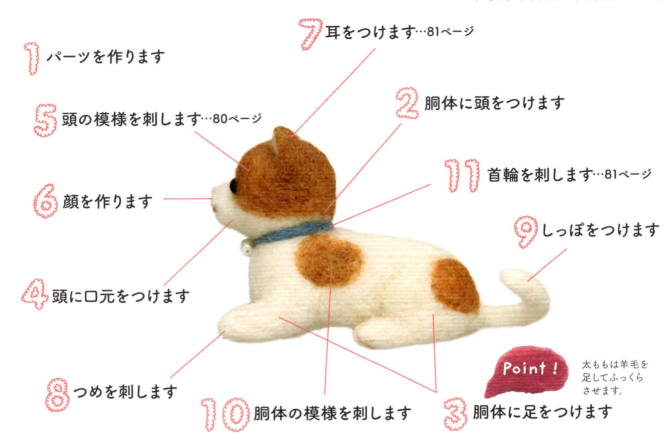

1 パーツを作ります
2 胴体に頭をつけます
3 胴体に足をつけます
4 頭に口元をつけます
5 頭の模様を刺します…80ページ
6 顔を作ります
7 耳をつけます…81ページ
8 つめを刺します
9 しっぽをつけます
10 胴体の模様を刺します
11 首輪を刺します…81ページ

Point！ 太ももは羊毛を足してふっくらさせます。

頭に模様を刺す

1 栗色の羊毛を少量とり、頭に巻きつけて模様を刺します。最初は、輪郭をとるように刺します。

2 頭を覆うように、羊毛を少しずつ巻きつけていきます。

3 極細ニードルで、模様と顔の際を刺し、ラインを出します。

耳のつけ方

ぶたの親子の耳も同じ要領でつけます（内耳は1色）。

1 耳のパーツは、両手を使ってくるりと丸めます。そのままの形を保ち、頭に置いて刺します。

2 上から見ると、こんな感じについています。つけ位置を確認しながら刺しましょう。

3 栗色の羊毛を少量とり、接着面に刺して補強します。

4 内耳を刺します。まず、生成りの羊毛を少量とって刺します。

5 ピンクの羊毛を極少量とって、根本に刺します。

実物大で確認 Check！

正面から見るとこんな感じです。似た顔になりましたか？

首輪の刺し方

1 首輪は、青緑の羊毛を細長くとり、首に刺します。針に糸を通し、首の後ろから針を入れてパールを通し、首の後ろに針を戻します。

2 糸端は、首の後ろで結んで短く切り、青緑の羊毛を少量とって刺し、隠します。

横

うさぎ　16ページの作品

❋材料　※1体分

ハマナカ フェルト羊毛
ナチュラルブレンド　生成り(801)
立ちうさぎ12g　座りうさぎ10g
ソリッド　ピンク(36)　少々
ミックス　栗色(220)　少々

ハマナカ クリスタルアイ
クリスタルブラウン　4.5mm　1組

完成実物大 座りうさぎ

正面　　　後ろ姿

横

座りうさぎ　Advice

座りうさぎは、立ちうさぎよりも太ももが太いのがポイント。また、少し上向きに頭をつけるようにすると、見上げるうさぎとちょうど目が合います。首の傾け方、目鼻のつけ位置、耳の向きなど、ちょっとしたことを気をつけるだけで、でき上がりの印象がだいぶかわります。

完成実物大 立ちうさぎ

正面　　　　横　　　　後ろ姿

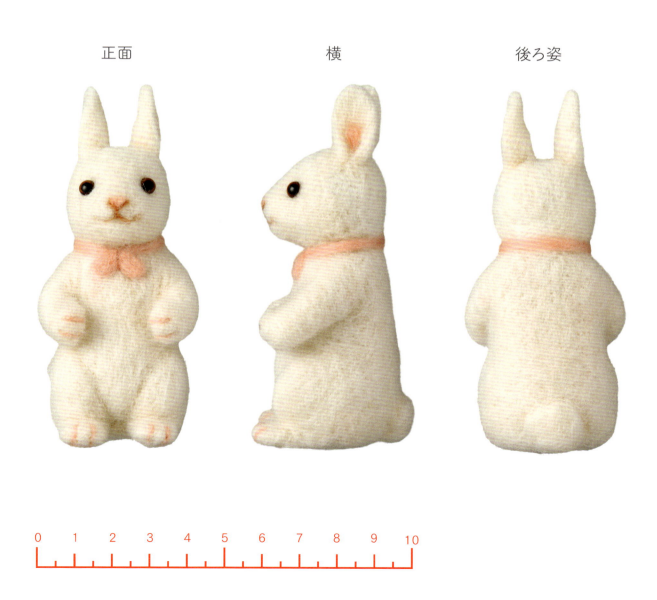

83

作り方の順序

Advice

参照ページがない部分の作り方は、
ミニチュア・ダックスフントを参照して下さい。

1 パーツを作ります

2 胴体に頭をつけます

Point! 太ももは羊毛を足してふっくらさせます。

3 胴体に足をつけます

4 耳をつけます…86ページ

5 顔を作ります

8 リボンを刺します

7 しっぽを作ります…86ページ

6 つめを刺します

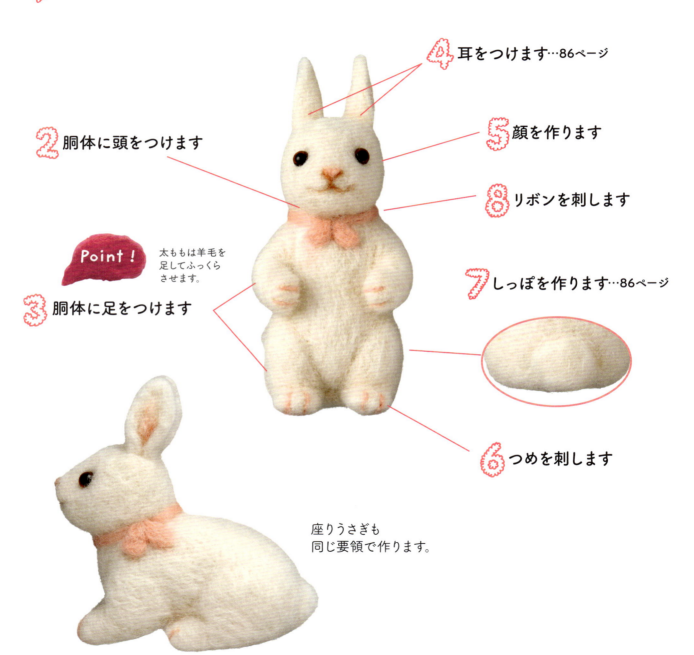

座りうさぎも
同じ要領で作ります。

実物大パーツ・型紙

Check!

パーツを作るときは、実物大パーツ・型紙にあてて大きさを確認しながら作りましょう。

耳（共通）／少々×2枚

正面から見た形です

頭（共通）／約2.5g

座りうさぎ用型紙
胴体／約5g

立ちうさぎ用
胴体／約5.5g

立ちうさぎ用
前足／少々×2個

座りうさぎ用
後ろ足／少々×4個

立ちうさぎ用
後ろ足／少々×2個

耳のつけ方

うさぎの耳は、他のどうぶつとつけ方が違います。

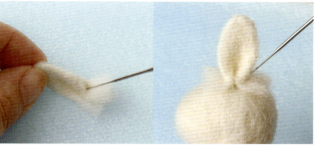

1 耳は、ふわふわ部分の中心に切り込みを入れます。

2 つけ根部分を中心で半分に折り、ふわふわ部分の境目を軽く刺して仮止めします。

3 頭に、横向きにおいて刺し止めます。

4 羊毛を少量とり、接着面を刺して補強します。

5 内耳は、ピンクの羊毛を極少量刺します。

しっぽの作り方

1 羊毛を少量とり、ふんわりと丸くまとめます。

2 ふんわり感を残すように、軽く刺してつけます。

実物大で確認

どうぶつの耳つけ位置は、大事なポイント。実物大でつけ位置を確認しましょう。

正面

上から

応用を楽しむ

色や模様などをかえて、自分らしいどうぶつを作ってみるのも楽しいもの。うさぎだったら、黒いうさぎにたんぽぽを飾ったり、茶色いうさぎに洋服を着せたり。懐かしい童話の世界の子たちを再現することもできそうです。

ふくろう

44ページの作品

🌸 材料

ハマナカ フェルト羊毛
ナチュラルブレンド　グレー（805）3g
シャーベットカラー　淡紫（823）3g
（※2色をミックスして使います）
または
ナチュラルブレンド　グレー（805）3g
ミックス　ベージュ（211）3g
（※2色をミックスして使います）
※ミックスの手順は、95ページのクローバーの作り方3・4を参照してください。

[共通]
ナチュラルブレンド
ハーブカラー　あずき色（816）少々
ソリッド　暗茶（30）少々
　　　　　白（1）少々

ハマナカ ソリッドアイ
3mm　各1組

その他
＊チェーンやストラップをつける場合
Tピン　5cm　1本
ボールチェーン、ストラップなど

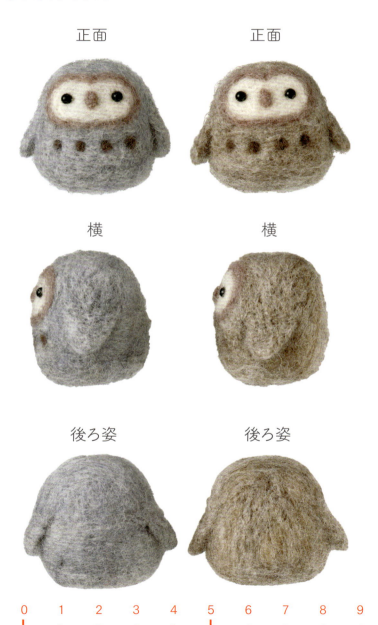

実物大パーツ

パーツを作るときは、実物大パーツにあてて大きさを確認しながら作りましょう。

Check!

羽根／少々×2枚　　胴体／約4g

作り方の順序

1. パーツを作ります
2. 胴体に羽根をつけます…88ページ
3. 顔を作ります…88ページ
4. 模様を刺します…89ページ
5. 好みでTピンをつけ、チェーンを通します

羽根のつけ方

1 本体の真横に、ふわふわ部分を利用して刺します。

2 羊毛を少量とり、接着面に巻きつけて刺し、補強します。

顔の作り方

❋ 顔面を作る

1 白の羊毛を縦に少量とり、顔の輪郭をとるように本体にのせて刺します。

88　NEEDLE FELTED ANIMALS

2 残りの羊毛は、中央に集めて刺し、顔面を作ります。

3 あずき色の羊毛を細長く極少量とり、顔の縁に刺します。

❋ くちばしを刺します

あずき色の羊毛を極少量とり、マットの上でくちばしの形にまとめ、顔の中央に縦になるように刺します。

❋ 目をつけます

目打ちで穴をあけ、ソリッドアイにボンドをつけて刺します。

模様の刺し方

暗茶の羊毛を極少量とり、丸く刺して模様にします。

Tピンのつけ方

1 ボールチェーンをつけるときは、Tピンをつけます。ニードルを中央に刺して穴をあけ、Tピンを通します。ニードルは何回か刺して穴を広げましょう。

2 Tピンの先は、8mm残してカットします。ペンチでTピンの先を丸めて、ボールチェーンやストラップをつけて仕上げます。

89

かえる

45ページの作品

❋材料 ※1体分

ハマナカ フェルト羊毛
ソリッド 緑(46) 3g
ナチュラルブレンド 生成り(801) 少々
ハーブカラー ピンク(814) 少々
ソリッド 黒(9) 少々

ハマナカ ソリッドアイ
3mm 1組

その他
＊チェーンやブローチピンをつける場合
Tピン 5cm 1本
ボールチェーン、ブローチピンなど

完成実物大

正面　　横　　後ろ姿

Advice
参照ページがない部分の作り方は、
ミニチュア・ダックスフントを参照して下さい。

実物大パーツ / Check !

パーツを作るときは、実物大パーツにあてて
大きさを確認しながら作りましょう。

本体／約1.5g
手足／少々×4個

作り方の順序

1 パーツを作ります
2 頭部を作ります…91ページ
3 目玉部分を作ります…91ページ
4 本体に手足をつけます
5 腹を刺します
6 顔を作ります
7 好みでTピンやブローチをつけて仕上げます

90 NEEDLE FELTED ANIMALS

頭部の作り方

1 本体の上半分に、羊毛を少量とって巻きながら刺し、頭部を作ります。幅は実物大写真を参照し、厚さは1.6cmくらいになるように作ります。

実物大で確認 / Check !

頭部のでき上がり。
この大きさになりましたか？

Advice

ブローチピンやチェーンをつけて、マスコットとして楽しみましょう。

目玉部分の作り方

1 頭部上部に羊毛を少量足して、盛り上げるように刺し、目玉部分を作ります。

2 羊毛は、様子を見ながら少しずつ足します。

3 左右、同じ大きさになるように刺します。

手足のつけ方

1 本体の側面に、手足をつけます。

2 ふわふわ部分を広げるようにして本体につけて刺し止めます。

3 接着部分は、羊毛を少量とって巻きつけ、補強します。

どうぶつストラップ

46ページの作品

🌸材料

くま

ハマナカ フェルト羊毛
ナチュラルブレンド　淡茶（803）5g
　　　　　　　　　ベージュ（802）少々
シャーベットカラー　ミントグリーン（824）少々
　　　　　　　　　青緑（825）少々
ソリッド　茶色（41）少々

パンダ

ハマナカ フェルト羊毛
ナチュラルブレンド　生成り（801）5g
ソリッド　黒（9）少々
　　　　レモン（21）少々
　　　　黄緑（33）少々

うさぎ

ハマナカ フェルト羊毛
ナチュラルブレンド　生成り（801）5g
ソリッド　ピンク（36）少々
　　　　朱色（37）少々
　　　　茶色（41）少々

[3点共通]
ハマナカ ソリッドアイ
4mm　各1組

ハマナカ カニカン付ストラップコード
各1組

完成実物大

正面　　　　横　　　　後ろ姿

実物大パーツ・型紙

パーツを作るときは、実物大パーツ・型紙にあてて大きさを確認しながら作りましょう。

うさぎの耳／少々×2枚

パンダの耳／少々×2枚

くまの耳／少々×2枚

本体／約1.5g

手足／少々×4個

作り方の順序
パンダとうさぎも同じ要領で作ります

 Advice

参照ページがない部分の作り方は、ミニチュア・ダックスフントを参照して下さい。

1 パーツを作ります
2 頭部を作ります…91ページ かえる参照
3 本体に手足をつけます
4 耳をつけます　51ページ マトリョーシカ参照
5 顔を作ります
6 リボンを刺します
7 ストラップをつけて仕上げます

頭部の作り方

本体の上半分に、羊毛を少量とって巻きながら刺し、頭部を作ります。幅は実物大写真を参照し、厚さは1.6cmくらいになるように作り、首の境目はしっかりと刺して、くびれを作ります。

ストラップのつけ方

1 同系色の糸を針に通し、お尻の方から頭に向かって刺します。ストラップを通したら、頭からお尻に向かって針を刺し、糸を結びます。

2 羊毛を極少量とり、糸端の結び目を隠すように刺します。

ラッキーチャーム

47ページの作品

材料

幸せの青い鳥とプルメリア

ハマナカ フェルト羊毛
ナチュラルブレンド
シャーベットカラー オレンジ色(822) 少々
ソリッド 青(7) 1g
　　　　黄(35) 1g
　　　　紺(39) 少々

てんとう虫とクローバー

ハマナカ フェルト羊毛
ソリッド 赤(24) 1g
　　　　緑(46) 1g
　　　　黒(9) 少々
　　　　黄緑(33) 少々

その他
[共通]
Tピン 3cm　各1本
9ピン 4cm　各1本
丸カン　各2個
ストラップ　各1組
[幸せの青い鳥とプルメリアのみ]
パール　直径5mm　1個
[てんとう虫とクローバー]
ラインストーン(黒) 直径3mm　1個

完成実物大（パーツ兼用）

パーツを作るときは、実物大にあてて大きさを確認しながら作りましょう。

作り方の順序

1 パーツを作ります

1 青い鳥は 68・69 ページ小鳥参照。
2 プルメリア、クローバーは 95 ページ参照。
3 てんとう虫は、赤でドーム型のパーツを作り、黒の羊毛を刺し、ラインストーンを貼る。

2 ストラップをつけて仕上げます

プルメリアの作り方

実物大型紙
花びら／少々×5個

1 花びらは、5枚作り、ふわふわ部分を中央にして刺し、1枚ずつマットの上でつなげます。

2 5枚がつながって、花の形になりました。

3 オレンジ色の羊毛を極少量とり、中央に刺します。中心にパールを縫いつけます。

クローバーの作り方

1 クローバーは、写真の大きさで厚さ4mmくらいの四角を作り、点線部分をカットします。

2 ニードルで刺して、葉の切れ目を入れます。

3 淡い部分は、緑と黄緑の羊毛をミックスして刺します。2色の羊毛を極少量とります。

4 ちぎったら重ね、また「ちぎっては重ねる」をくり返し、色をミックスさせていきます。

5 ミックスした羊毛を、4枚の葉にハート形に刺します。

9ピンのつけ方

9ピンは89ページのTピンのつけ方を参照し、同じ要領でつけます。間に丸カンを入れて、他のパーツやストラップにつなげて仕上げます。

世界のどうぶつ

ここまでのページを見ながらいくつかどうぶつを作ってみて、羊毛フェルトに慣れてきた方のために、少しステップアップした世界各国のどうぶつたちを紹介します。
各パーツは作り方ページに掲載している「実物大パーツ」のイラストに合わせて作り、
Lesson1のミニチュア・ダックスフントを参照して仕上げましょう。

カンガルーの親子
97ページ／作り方104ページ

コアラの親子
98ページ／作り方106ページ

パンダ3兄弟
100ページ／作り方108ページ

祭りの日のゾウ
102ページ／作り方110ページ

オーストラリア Australia

カンガルーの親子
作り方／104 ページ

オーストラリアでは、カンガルーはとても身近な存在。
赤ちゃんは小さな小さな姿で生まれ、
生後5〜6か月くらいまでお母さんのお腹の袋で育ちます。

オーストラリア Australia
コアラの親子
作り方／106 ページ

コアラはオーストラリアだけに生息するどうぶつ。
すべての栄養をユーカリの葉から取るのだというから驚きです。
赤ちゃんコアラは、まだママのおっぱいね。

🇨🇳 中国 China

パンダ3兄弟
作り方／108ページ

中国の親善大使として、
世界中の人たちを楽しませてくれるジャイアントパンダ。
その愛らしさといったら、世界一かもしれません。
甘えん坊で、遊び好きなアイドルです。

🇮🇳 インド India

祭りの日のゾウ
作り方／110 ページ

春が訪れを告げる頃、北インドの町でゾウ祭りが開催されます。
インドでは商売繁盛、福を呼ぶ神様とされているゾウさん。
この日はドレスアップして大切な日を祝います。

カンガルーの親子

97ページの作品
高さ…親6.8cm・子5.5cm

❋ 材料
[ ]内は子、指定以外は共通
ハマナカ フェルト羊毛
ナチュラルブレンド　ベージュ(802) 15g・薄茶(803) 3g、ソリッド　黒(9) 少々
ハマナカ ソリッドアイ　4mm [3mm]　1組

❋ 作り方
1. 実物大パーツを参照して各パーツを作る
2. 胴体に頭をつける
3. 手と足をつける
   ふとももや腰まわりにベージュの羊毛を足し、ふっくらと形作る
4. 薄茶の羊毛を、頭・背中・手・足に薄くのせて刺す
5. 耳をつける
6. 顔を作る(目・鼻・口)
7. しっぽをつける
8. 手足のつめを刺す
9. お腹に袋をつける
10. 子を作る
    胴体に頭・手足・耳をつけ、顔を仕上げる
11. 袋に子を入れる

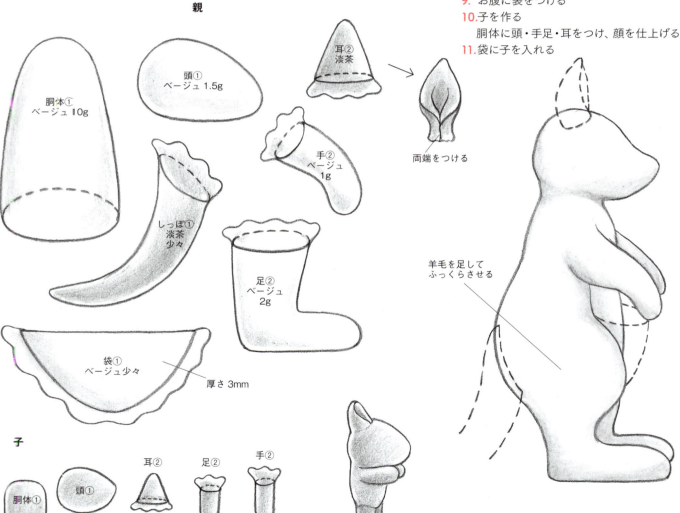

104　NEEDLE FELTED ANIMALS

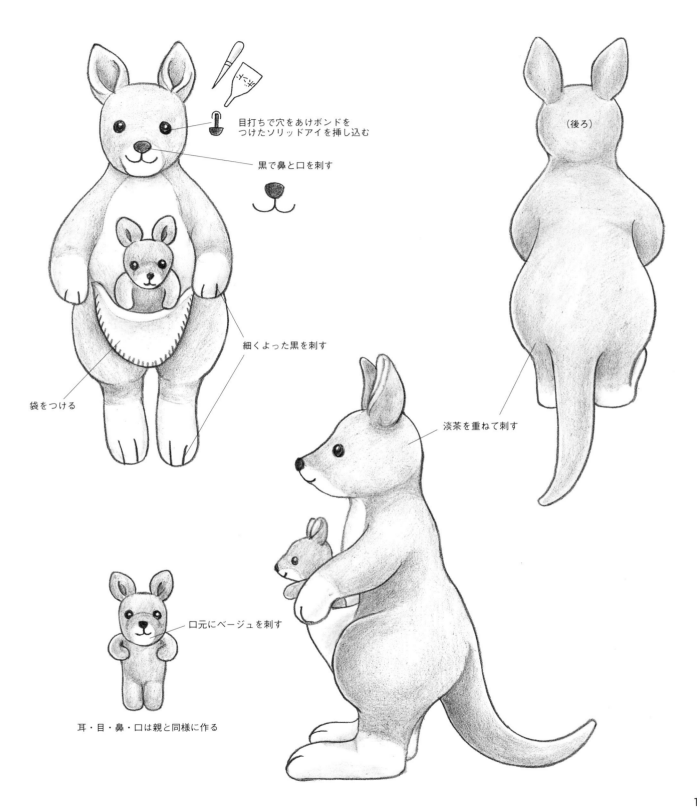

コアラの親子
98ページの作品
高さ…親6.8cm・子5.5cm

❋ 材料
※1体分・[ ]内は子、指定以外は共通

ハマナカ フェルト羊毛
ナチュラルブレンド　グレー（805）15g [5g]
・濃グレー（806）少々・生成り（801）少々

ハマナカ ソリッドアイ　4mm [3mm]　1組

❋ 作り方
1. 実物大パーツを参照して各パーツを作る
2. 胴体に頭をつける
3. 前足と後ろ足をつける
   ふとももあたりに羊毛を足し、ふっくらと形作る
4. 胸側に生成りの羊毛を刺す
5. 耳をつける
6. 顔を作る
7. 足のつめを刺す

< 実物大パーツ >
○数字はパーツを作る個数
指定以外はすべてグレー

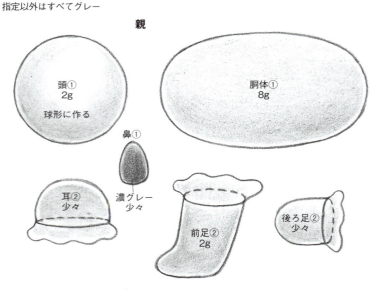

羊毛を足してふくらみを出す

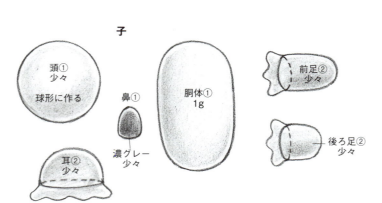

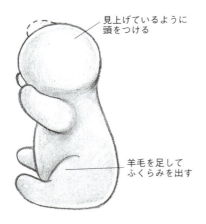

見上げているように頭をつける

羊毛を足してふくらみを出す

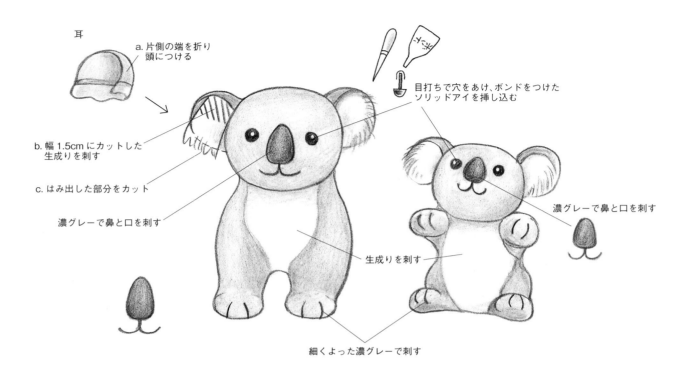

パンダ 3 兄弟

100ページの作品
長さ…8cm
フェルトボール…直径1.8cm

❀ 材料 ※1体分
ハマナカ フェルト羊毛
ナチュラルメリノ　白（303）7g、ソリッド　黒（9）4g
ハマナカ ソリッドアイ　3mm　1組

フェルトボール
ハマナカ　フェルト羊毛
ソリッド　ローズ（2）・黄（35）各少々

❀ 作り方
1. 実物大パーツを参照して各パーツを作る
2. 胴体に頭をつける
3. 前足と後ろ足をつける
4. 顔に口元をつけ顔を作る
5. 耳をつける
6. しっぽをつける
7. 耳・足・背中の黒い部分に、黒の羊毛をのせて刺す

<実物大パーツ>
○数字はパーツを作る個数
指定以外はすべて白
足以外は3タイプ共通

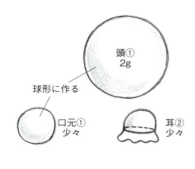

歩きタイプ

座りタイプ

眠りタイプ

歩きタイプ
羊毛を足しながら形を整えていく

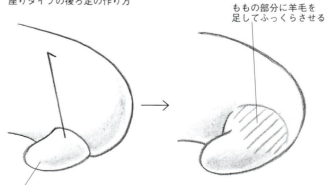

座りタイプの後ろ足の作り方
後ろ足をニードルで刺してつける
ももの部分に羊毛を足してふっくらさせる

祭りの日のゾウ

102ページの作品
高さ…7cm　長さ…11cm

❋ 材料 ※1体分

ハマナカ フェルト羊毛
ナチュラルブレンド　グレー（805）26g、ソリッド　ローズ（2）4g、白（1）・赤（24）・ピンク（36）・レモン（45）各少々

ハマナカ ソリッドアイ　4mm　1組

その他　ラインストーン　直径3mm赤3個

❋ 作り方

1. 実物大パーツを参照して各パーツを作る
2. 胴体に足をつける
3. 胴体に頭をつける
4. 鼻をつけ、牙をつける
5. 耳をつける
6. 目をつける
7. しっぽをつける
8. 背中と頭に飾りをつける

＜実物大パーツ＞
○数字はパーツを作る個数
指定以外はすべてグレー

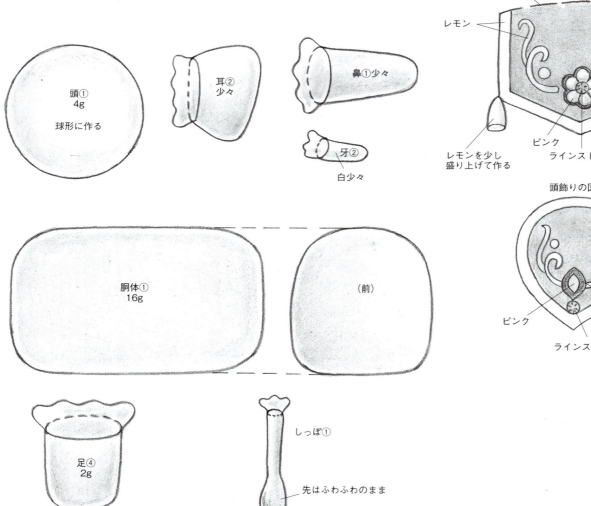
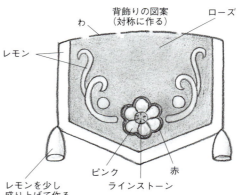
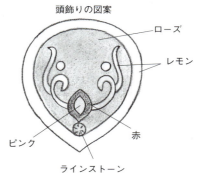

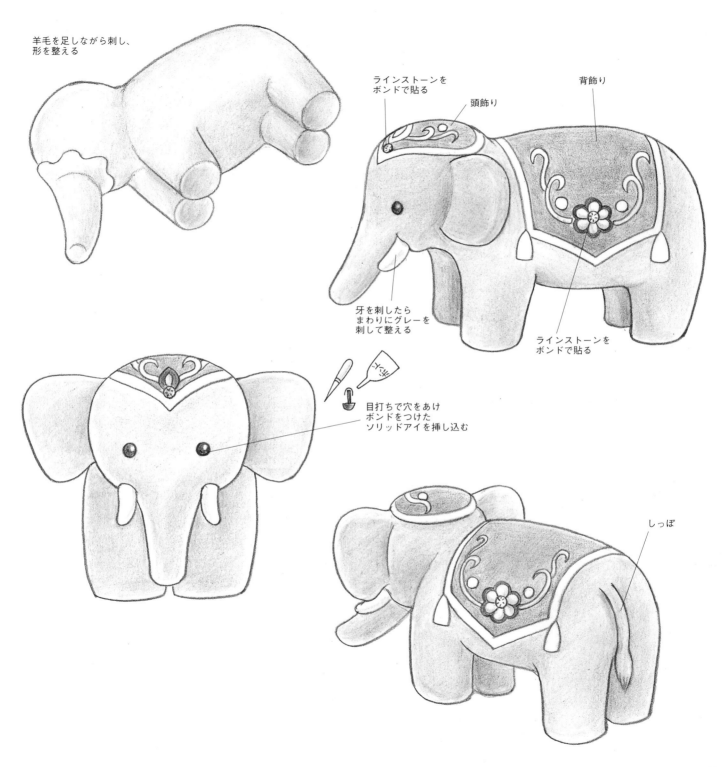

須佐 沙知子（すさ さちこ）

神奈川県生まれ。ぬいぐるみメーカーで企画・デザインを担当。
1995年より手芸作家として独立。羊毛フェルト、テディベア、ぬいぐるみ、
フェルト雑貨のキットデザインなどを雑誌や書籍で発表している。
あたたかみや優しさが感じられる作品づくりに定評がある。
手芸メーカーのキットのプロデュースや、羊毛フェルト教室の講師も務める。
「須佐沙知子のぬいぐるみ DOGS & CATS」
「ぽんぽんポケモン」（ともに日本ヴォーグ社）、
「羊毛フェルトで作る　絵本の主人公」（白泉社）ほか、著書多数。
https://sachiko-su-sa.shopinfo.jp/
YouTube「須佐沙知子の羊毛フェルトレッスン」
Instagram @susa_sachiko

[増補改訂版]
羊毛フェルトで作る　はじめてのどうぶつ
発行日／2025年1月17日
著者／須佐沙知子
発行人／瀬戸信昭
編集人／佐伯瑞代
発行所／株式会社日本ヴォーグ社
　　　　〒164-8705　東京都中野区弥生町5-6-11
　　　　TEL 03-3383-0634（編集）
　　　　出版受注センター　TEL 03-3383-0650　FAX 03-3383-0680
印刷所／株式会社シナノ
Printed in Japan　©Sachiko Susa 2025
NV70800　ISBN978-4-529-06459-0

万一、乱丁本・落丁本がありましたら、お取り替えいたします。お買い求めの書店か、
小社出版受注センター（TEL 03-3383-0650）へご連絡ください。
● JCOPY ＜出版者著作権管理機構 委託出版物＞
本書（誌）の無断複製は著作権法上での例外を除き禁じられています。複製される場
合は、そのつど事前に、出版者著作権管理機構（TEL 03-5244-5088、FAX 03-
5244-5089、E-mail:info@jcopy.or.jp）の許諾を得てください。

本書は2011年発行の「羊毛フェルトで作る　はじめてのどうぶつ」に2010年発行「フェ
ルト羊毛でめぐる　小さな世界旅行」の一部作品を加えた増補改訂版です。現在は廃
番となっている素材・色は、入手可能なものに置き換えて表記しました。一部作品の
色味が使用素材と若干異なる場合がありますが、ご了承ください。

[STAFF]
撮影／渡辺淑克（口絵）　中辻 渉（プロセス）
スタイリング／井上輝美
ブックデザイン／寺山文恵
104～111ページイラスト／鴻巣博子
編集・進行／小林美穂　青木久美子
編集担当／佐々木 純

[撮影協力]
アワビーズ　https://www.awabees.com

[素材・用具発売元]
（ハマナカフェルト羊毛・フェルティング用ニードル・副資材など）
ハマナカ株式会社
〒616-8585京都市右京区花園藪ノ下町2番地の3
TEL 075-463-5151（代）
ハマナカコーポレートサイト　hamanaka.co.jp

あなたに感謝しております　We are grateful.

手作りの大好きなあなたが、この本をお選びくださいまして
ありがとうございます。内容はいかがでしたでしょうか？本
書が少しでもお役に立てば、こんなにうれしいことはありま
せん。日本ヴォーグ社では、手作りを愛する方とのおつき
合いを大切にし、ご要望にお応えする商品、サービスの実
現を常に目標としています。小社並びに出版物について、何
かお気付きの点やご意見がございましたら、何なりとお申し
出ください。そういうあなたに私共は常に感謝しております。

株式会社日本ヴォーグ社社長　瀬戸信昭
FAX 03-3383-0602

手づくりに関する情報を発信中
日本ヴォーグ社　公式サイト

ショッピングを楽しむ
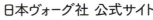
手づくりタウン

ハンドメイドのオンラインレッスン
 CRAFTING

初回送料無料のお得なクーポンが使えます！詳しくはWebへ

 手づくり専門カルチャースクール
ヴォーグ学園

日本ヴォーグ社の通信講座